# RÉSURRECTION

## DES

# NATIONALITÉS

## EN ORIENT

PAR

## HENRI GRIGNAN.

PARIS

IMPRIMERIE DUBUISSON ET Cᵒ,

5, RUE COQ-HÉRON.

—

1863

# RÉSURRECTION



# NATIONALITÉS

## EN ORIENT

---

## I

Le traité de Paris et le traité de Zurich tiendront une place exceptionnelle dans les annales de la diplomatie européenne, à cause des deux grands principes qu'ils ont proclamés.

Ils ont reconnu les droits des nationalités, et, pour les consacrer, pour les protéger contre des inimitiés dangereuses, ils ont posé le principe de non-intervention.

Nous ne voulons pas examiner ici la question de savoir s'il n'eût pas été utile de définir les droits qu'on proclamait. Cette définition, indispensable peut-être pour certaines agglomérations d'individus dont la nationalité n'est clairement indiquée ni par la langue, ni par les mœurs, ni par la religion, ni par les frontières ; cette définition, disons-nous, n'est pas nécessaire pour ceux dont nous venons ici plaider la cause. Nous le démontrerons plus loin avec la dernière évidence.

Quoi qu'il en soit, si une imprudence avait été commise en proclamant un droit nouveau mal défini, cette imprudence était pour ainsi dire rachetée par l'interdiction de toute intervention étrangère dans les affaires intérieures d'une nation.

Les grandes puissances s'imposaient de la sorte une obligation, qui, au premier abord, pouvait paraître un encouragement à la révolution, mais qui, au fond, donnait au contraire des bases solides à la paix européenne.

La défense d'intervenir s'oppose en effet à toute résolution précipitée, à toute action hâtive, compromettante ; les gouvernements, étant contraints de rester spectateurs impassibles de toutes les querelles où ils ne sont pas directement engagés par le fait des peuples, il leur est plus facile de suivre les événements avec impartialité, de les juger sainement, et, par une conséquence forcée, leur médiation doit, à un moment donné, produire autant de bons effets que leur intervention immédiate en eût pu produire de mauvais.

Sans doute, ce système a son côté faible, qu'on n'eût peut-être pas aperçu de sitôt sans l'insurrection de Pologne. Il peut arriver qu'il enchaîne les puissances juste au moment où l'opinion publique soulevée voudrait leur faire prendre les armes pour courir au secours d'un peuple égorgé ; mais, outre que l'intervention se justifierait ici par la défense des traités que l'Europe a signés et que la Russie a déchirés, nous ferons observer que le principe de non-intervention n'a pas empêché des expéditions auxquelles, il faut bien le dire, l'opinion se montre moins favorable et moins sympathique.

Nous ajouterons que, s'il fallait sacrifier les principes quand ils présentent un inconvénient, il n'en serait pas un qui sortît victorieux de cette épreuve.

Nous sommes d'ailleurs de ceux qui pensent que le droit finit toujours par triompher.

Les causes les plus justes peuvent être abandonnées, elles peuvent paraître vaincues, ruinées; un moment arrivera toujours où elles se relèveront.

Il n'y a de solide en politique que ce qui est conforme à l'esprit du temps. De nos jours, aucun État ne peut s'établir ni durer en dehors de l'esprit de nationalité.

Qu'on blâme ou qu'on approuve ces tendances, peu importe, et là n'est pas la question ; le fait est ; fait incontestable, brutal, et dont il serait imprudent de ne pas tenir compte.

Au surplus, le système sur lequel repose actuellement ce que l'on appelle l'équilibre européen a-t-il donc produit des résultats si heureux, si merveilleux que tout homme sensé doive désirer son maintien ?

N'avons-nous pas vu au contraire, depuis le commencement de ce siècle, les insurrections de Grèce, de Belgique, d'Irlande, de Pologne, de Lombardie, des Deux-Siciles, de Hongrie, etc., etc. ? N'avons-nous pas vu la Turquie en guerre avec la Russie, avec l'Égypte, avec les Serbes, avec les Monténégrins? la France en guerre avec la Russie et l'Autriche? l'Angleterre avec la Russie? le Danemark avec l'Allemagne? le Piémont avec l'Autriche? la Suisse elle-même n'a-t-elle pas été à la veille de se battre avec la Prusse, et la Prusse n'est-elle pas toujours sur le point de se brouiller avec l'Autriche? Quand un système a produit de tels résultats et a été impuissant à empêcher ces chocs, ces collisions, il est condamné. C'est le chaos avec le déchaînement de toutes les passions violentes surexcitées par l'injustice, et quand on veut y substituer l'ordre, prenant sa source et trouvant sa base dans la justice, on est bien excusable, ce semble, de le chercher dans une voie diamétralement opposée.

Les peuples jusqu'ici ont été faits pour les gouvernements; on sait ce qu'il en est advenu; pourquoi ne ferait-on pas aujourd'hui les gouvernements pour les peuples et pourquoi ne pas laisser les peuples libres de choisir leurs gouvernements?

Ne serait-ce pas, en définitive, le moyen le plus sûr d'arriver à la réalisation de ces projets de désarmement en dehors desquels l'Europe ne pourra pas sérieusement se flatter de posséder la liberté dans l'ordre?

## II

Le mal que nous pensons du système que nous combattons ne nous empêchera pas de reconnaître que la distribution territoriale de l'Europe occidentale répond suffisamment aux tendances de l'esprit public dont nous parlions tout à l'heure.

Dans l'Europe orientale, au contraire, aucune des aspirations populaires n'a reçu de satisfaction complète ; l'œuvre de la conquête existe encore presque intacte.

Mais aussi, l'édifice construit au moyen âge tremble sur sa base fragile, battu incessamment en brèche par des nationalités qui ont pu être conquises, mais non assimilées, et qui luttent avec toute l'énergie qu'inspire à un peuple la conscience de son droit.

Depuis la mer Baltique jusqu'à la mer Méditerranée, tout le pays est en émoi. La race finnoise et la race allemande, les Slaves, les Madgyars, les Roumains, les Grecs attendent, espèrent, préparent un changement dans leurs conditions d'existence.

Quelle puissance humaine pourrait se flatter d'arrêter longtemps encore ce torrent qui devient chaque jour plus impétueux ?

Et au lieu de se consumer en efforts impuissants pour lui barrer le chemin, les gouvernements ne feraient-ils pas mieux, renonçant à de vieux errements, de mettre la question à l'ordre du jour et de prendre l'initiative d'une réforme qui s'accomplirait ainsi plus aisément?

Ne serait-il pas plus sage, plus prudent de conjurer les maux du terrible avenir qui se prépare, que d'attendre indolemment cet avenir et d'affronter les dangers qu'on pourrait prévenir?

La question, ainsi posée, ne saurait être résolue négativement, mais une objection se présente aussitôt à l'esprit : c'est la difficulté de concilier les prétentions de certains peuples avec les anciens priviléges de certains souverains.

Pour nous, ce n'est point là un obstacle insurmontable, et d'ailleurs il faudra toujours l'aborder. Plutôt donc aujourd'hui que demain.

Nous disons qu'il n'est pas insurmontable, parce que nous avons foi dans l'esprit libéral des gouvernements, dans l'esprit modéré, conciliant, des hommes qui dirigent les mouvements des nationalités.

Nous sommes convaincus que, de part et d'autre, on reconnaît la nécessité de se rapprocher, de se faire des concessions, de s'entendre; nous croyons même au bon vouloir des souverains, car ils savent quelles catastrophes leur résistance risquerait d'entraîner.

Le moment n'est donc pas mal choisi pour traiter cette grave question, pour essayer de la résoudre.

Mais ce serait une tâche au-dessus de nos forces que de poser ici les problèmes soulevés chez tous les peuples que nous nommions tout à l'heure.

Nous n'avons d'autre prétention que d'éclairer un coin de ce vaste tableau ; nous voulons nous occuper spécialement des différentes nationalités réparties sur

le territoire turc ; nous nous proposons plus particulièrement encore d'étudier et de déterminer le rôle
que la race slave a joué et est appelée à remplir en
Orient.

L'Europe, il faut le dire, a été trompée par la plupart des écrivains qui ont traité ce sujet si important.
Organes de gouvernements intéressés à maintenir le
*statu quo*, et parfois aussi de nationalités aspirant à
des destinées fabuleuses, ces écrivains se sont mon-
trés exclusifs dans un camp, intolérants et ambitieux
dans l'autre. L'Europe n'a pas connu la vérité ; des
gouvernements animés d'excellentes intentions ont
commis de grandes fautes, et, finalement, la question
d'Orient, vingt fois posée, sans cesse débattue, de
plus en plus obscure, s'est maintenue à l'ordre du
jour sans qu'on puisse même prévoir le moment où
elle sera mûre pour une solution impatiemment at-
tendue.

## III

Il semble, au premier abord, que la Turquie seule
ait des intérêts engagés dans la question d'Orient ;
pour peu qu'on y réfléchisse, cependant, on reconnaît
bien vite que l'Autriche y est également intéressée.

Les deux empires, en effet, sont dans une situation
à peu près semblable. Composés tous deux d'éléments hétérogènes, ils comptent dans leur sein des
nationalités qui diffèrent entre elles par la race, par
la langue, par la religion, et dans l'un comme dans

l'autre, la race dominante, à laquelle appartient le souverain, est à beaucoup près la moins nombreuse.

Les deux empires sont formés d'États jadis indépendants. Les sultans, ainsi que les empereurs d'Autriche, n'ont été, dans le principe, que de simples suzerains d'une partie de ces États, et n'ont conquis la souveraineté qu'en dépouillant petit à petit leurs vassaux des droits et des libertés qui leur appartenaient.

L'Autriche, comme la Turquie, poursuit la chimère d'un empire unitaire, où la centralisation soit solidement établie ; et chez l'une, de même que chez l'autre, la compression des vieilles idées nationales a eu précisément pour effet de contribuer énergiquement à leur réveil et à leur expansion.

Quand nous établissons ce parallèle entre l'Autriche et la Turquie, nous ne prétendons pas que la comparaison puisse être poussée plus loin ; nous savons la distinction qu'il faut faire entre les procédés des deux gouvernements, et nous ne les plaçons pas sur la même ligne ; mais nous voulons dire que, s'ils emploient des moyens différents, ils n'en poursuivent pas moins le même but.

Aussi, les a-t-on vus s'unir à plusieurs reprises contre des races également représentées dans les deux empires.

Ceci explique pourquoi tout événement grave qui se produit en Autriche a son contre-coup en Turquie, et *vice versa.*

Cela fait comprendre aussi l'entente tacite qui s'est souvent établie entre les peuples des deux empires.

La masse de la population, tant en Autriche qu'en

Turquie, est d'origine slave, et les Slaves ont formé autrefois des États et des groupes compactes qui sont aujourd'hui partagés, morcelés entre l'Autriche et la Turquie. Quoi d'étonnant que ces groupes cherchent à se rapprocher, à reconstituer la grande famille slave, et à s'unir contre ceux qui ont essayé vainement de la dissoudre?

Voilà pourquoi les habitants de la Croatie turque s'émeuvent aux cris de liberté poussés par leurs frères de la Croatie autrichienne. Et c'est par la même raison que les Serbes d'Autriche, ainsi que ceux de l'Herzegovine, de la Bosnie, de l'Albanie, de la Moésie-Supérieure et de la Macédoine ont toujours les yeux fixés sur leurs aînés de la Principauté que gouverne si sagement le fils de Milosch.

Les Wendes, les Slovaques, les Moraves, les Bohêmes, les Bulgares comprennent la solidarité de leurs intérêts avec ceux des Serbes, et se réjouissent de tout progrès réalisé par eux dans la voie de l'émancipation nationale comme d'un succès qui doit contribuer au triomphe de leur propre cause.

De tout ce que nous venons de dire, il résulte que les principaux embarras de l'Autriche et de la Turquie proviennent de la prépondérance numérique de la race slave, des tendances manifestes des diverses branches de cette race à s'associer pour la défense de leurs intérêts communs, et enfin du sentiment pour ainsi dire irrésistible qui pousse les membres épars du corps serbo-croate à se rapprocher de la Principauté, à s'unir à elle le plus étroitement possible.

D'où il suit que la question d'Orient sera bien près

d'être résolue quand la question slave sera vidée en Autriche et en Turquie.

D'autres points sans doute resteront à régler, d'autres nationalités réclameront la justice qui leur est due, et les Slaves ne mettront point obstacle à ce qu'elles l'obtiennent, mais le problème le plus difficile et le plus dangereux aura reçu la solution vainement cherchée depuis si longtemps.

Pour justifier l'importance que nous donnons au rôle de la famille slave, il nous suffira de dire que sur les 50 millions d'habitants que comptent l'Autriche et la Turquie, il n'y a pas moins de 25 millions de Slaves. Aucun autre peuple, dans les deux empires, n'est en aussi grand nombre.

Les Roumains sont en tout 6 millions, dont 4 dans les Principautés-Unies ; les Madgyars, 4 millions ; les Grecs indépendants et rayas, 2 millions ; les Albanais, 1 million 200,000 ; les Osmanlis, à peine 1 million ; et les Allemands, 7 millions, c'est-à-dire un peu moins du tiers de la race slave.

La supériorité numérique n'est pas la seule dont cette race puisse se prévaloir. Sous le rapport de la culture intellectuelle, les Slaves d'Autriche peuvent être cités au premier rang des diverses nationalités de l'empire, et personne n'ignore que les Serbes tiennent en Turquie la tête de la civilisation.

Nous ajouterons que les Serbes, tant de la Principauté que de la Croatie, semblent devoir être les promoteurs principaux, les guides et les soutiens du grand mouvement qui se prépare au sein de la race slave, depuis les frontières de l'Allemagne jusqu'aux bords de la mer Égée.

Cet honneur et cette charge leur reviennent pour ainsi dire de droit, moins encore parce qu'ils sont la famille slave la plus nombreuse (7 millions) qu'à cause de leur tempérament plus belliqueux, de leur esprit plus entreprenant, de la force considérable dont ils disposent (300,000 combattants environ), de la position centrale et stratégique qu'ils occupent entre les deux empires, enfin à cause de la situation relativement privilégiée faite à la Serbie en Turquie, et à la Croatie en Autriche.

## IV

Nous voyons apparaître ici l'idée du panslavisme, et nous savons quelle frayeur elle inspire à l'Europe.

Depuis longtemps, il n'est pas possible de prononcer le nom de Slave sans qu'aussitôt le fantôme du panslavisme se dresse menaçant aux yeux de l'opinion, et même de quelques hommes politiques.

Et l'apparition de ce fantôme, glaçant les cœurs, détruit, ou tout au moins diminue nos sympathies pour une race mal connue, si ce n'est totalement inconnue, dont nous aurions le plus grand intérêt à gagner l'affection.

L'idée du panslavisme a pris naissance dans ce soi-disant testament de Pierre le Grand, auquel nous croyons juste autant qu'au testament d'Alexandre le Grand.

On l'a vue poindre aussi dans les témoignages constants de bienveillance que le gouvernement russe a donnés aux Slaves d'Autriche, dans l'appui qu'il a si souvent prêté aux Slaves de Turquie, et dans le parti qu'il a su tirer d'eux autrefois, quand il s'est trouvé en guerre avec la Sublime-Porte.

En dernier lieu, on a voulu la voir percer dans les écrits de quelques Slaves et dans les calculs que les populations slaves opprimées ont pu baser sur une assistance russe.

Voyons donc si ces soupçons se justifient, si ces craintes sont fondées.

Et, tout d'abord, répétons-le : pour nous, le testament de Pierre le Grand est une œuvre apocryphe. Mais, fût-il authentique, il faudrait prouver qu'il est obligatoire pour les Slaves, qu'ils le considèrent comme tel, et qu'ils n'ont pas d'autre programme.

« Vous oubliez donc, nous dira-t-on, le célèbre
» sonnet panslave de Kollar, les tendances pansla-
» vistes qui se décèlent dans les ouvrages de plusieurs
» savants Bohêmes? Vous niez donc les sympathies
» de tous les Slaves orthodoxes d'Autriche et de Tur-
» quie pour la Russie? Tout cela ne démontre-t-il pas
» de la manière la plus évidente l'existence du pans-
» lavisme? »

Il est facile de répondre.

Lorsque Napoléon I<sup>er</sup> constitua un royaume d'Il-lyrie, il réveilla chez les Slaves subjugués l'idée de nationalité.

Quand ce royaume eut disparu, quelques savants de la Bohême, convaincus que le temps seul avait manqué aux Slaves pour conquérir leur indépendance, les voyant de nouveau isolés, sans appui, livrés sans condition aux Allemands et aux Turcs, ex-

posés à tous les périls résultant de l'état d'asservisse-
ment, du morcellement administratif, redoutant pour
eux les effets du système de dénationalisation, ne
trouvèrent rien de mieux, pour relever leur courage, que de leur rappeler la puissance de leur race
et de montrer la Russie, le grand Empire slave,
comme le seul État qui eût le pouvoir et la volonté
de leur venir en aide.

Telle fut l'origine du panslavisme, qui s'étendit
bientôt de la Bohême aux autres provinces slaves de
l'Autriche.

Quant aux résultats qu'il produisit, on peut les
résumer en un mot : il rendit la vie aux peuples
slaves; il fit renaître l'idée de nationalité.

Sans doute, la Russie accorda ses faveurs aux au-
teurs des écrits dont nous venons d'indiquer le sens,
et elle n'eut garde de refuser son appui moral aux
populations qui le sollicitaient. Mais qui pourrait l'en
blâmer? Quelle puissance, à sa place, n'en eût pas
fait autant?

N'avons-nous pas entendu, à deux pas de nous, un
souverain déclarer publiquement, et dans une occasion solennelle, qu'il entendait le cri de douleur
poussé hors de ses États?

La France n'a-t-elle pas mieux fait encore que de
protester de ses vieilles sympathies pour les chrétiens
d'Orient? N'est-elle point intervenue en Syrie?

La conduite de la Russie en face du panslavisme a
donc été ce qu'elle devait être. Tout esprit impartial
la trouvera naturelle, et il est naturel aussi que les
Slaves aient montré à la Russie une reconnaissance
d'autant plus vive qu'ils ne rencontraient qu'in-

différence et froideur chez les autres puissances.

Les Slaves, toutefois, n'allaient pas jusqu'à faire aux Russes le sacrifice de leur indépendance. On s'en aperçut bien vite quand des écrivains venus à la suite des premiers, et se méprenant sur leurs intentions véritables, voulurent prêcher ouvertement ce que nous appellerons le panslavisme politique.

Ce qui n'avait été pour les premiers qu'un expédient, ou, si l'on veut, un moyen de propagande nationale, devint pour les seconds une sorte de programme définitif, et l'école qui devait tant effrayer l'Europe aurait été fondée si elle avait pu trouver des adeptes.

Mais de semblables doctrines ne pouvaient que froisser les instincts des Slaves, choquer leurs idées hostiles à l'effacement de l'individu, à la centralisation, à toute concentration politique semblable à celle qui existe en Russie ; ils s'attachèrent donc plus étroitement, plus énergiquement que jamais à ces idées, car ils eurent conscience du danger qu'on leur faisait courir.

Une nouvelle école se forma. Cette fois, ce furent les Slaves méridionaux qui en prirent la direction, et ils repoussèrent jusqu'à l'apparence même du panslavisme.

Pour s'en convaincre, il faut étudier l'histoire de la Serbie depuis 1831, et les premières productions littéraires de la Croatie (qui datent de 1835) ; il faut lire les journaux serbes, bulgares, croates et bohêmes ; il importe enfin de connaître les démonstrations significatives des Diètes et des populations.

On reconnaîtra alors qu'il ne reste plus trace des

idées panslavistes, même sous leur forme la moins suspecte.

Si les organes de l'Autriche et de la Turquie évoquent encore le fantôme du panslavisme, ce n'est pas qu'ils le craignent, ce n'est pas qu'ils y croient ; c'est tout simplement qu'ils veulent maintenir les Slaves dans leur condition actuelle, et, pour atteindre ce but, ils cherchent à alarmer l'Europe.

La ruse est trop grossière, en vérité, pour réussir, et l'opinion publique ne se laissera pas mystifier plus longtemps.

La nouvelle école a fait trop de prosélytes; les peuples slaves ont donné trop de gages sérieux de leur ferme adhésion à ses doctrines pour que l'Europe prenne encore le change.

Là même où ils manquent de moyens suffisants de publicité, comme en Turquie, ils ont prouvé l'inanité des accusations dont ils sont l'objet de la part de leurs adversaires.

Comment concilier, en effet, les prétendues tendances panslavistes des Serbes avec l'attitude strictement neutre qu'ils ont gardée, depuis leur émancipation, dans toutes les guerres qui ont éclaté entre la Russie et la Sublime-Porte?

Tout récemment, quand le traité de Paris a eu substitué la protection collective des grandes puissances au protectorat exclusif de la Russie, n'a-t-on pas vu les Slaves de Turquie manifester pour la France des sympathies qui sont devenues plus vives à mesure que nos consuls se montraient plus empressés à défendre leurs intérêts?

Faut-il apprendre à quelqu'un que l'influence française contrebalance l'influence russe au Monténégro ?

Pendant que le prince Danilo accomplissait un voyage à Paris, les Bosniaques, de leur côté, encouragés par la bienveillance que leur témoignaient les consuls autrichiens, envoyaient une députation à Vienne, et l'on n'a pas oublié que Mirko s'y est rendu il y a quelques mois à peine.

Si nous jetons les yeux sur la Bulgarie, nous verrons la population de cette province secouer le joug spirituel des Grecs et rompre avec l'Eglise orthodoxe, qui est comme la pierre angulaire du panslavisme.

Nous verrons les longues caravanes fuyant devant les violences des agents turcs et se disposant à passer en Russie, arrêtées au passage par les négociants bulgares d'Ibraïla et de Galatz.

L'émigration prenait des proportions colossales, elle menaçait d'égaler celle des Serbes en Hongrie au dix-septième siècle ; mais les journaux jettent un cri d'alarme ; on dissuade les émigrants, on leur fait rebrousser chemin ; ils rentrent chez eux ou s'établissent en Serbie, et des négociants d'Odessa s'empressent de leur fournir les moyens de retour.

Qu'on vienne encore nous menacer du panslavisme ! qu'on vienne maintenant nous parler des préférences exclusives des Slaves pour la Russie !

Certes, ils ne sont pas ingrats envers elle et lui savent gré de ce qu'elle a fait pour eux.

En cela, ils ont raison, ils accomplissent un devoir ; mais que l'Europe se substitue à la Russie, qu'elle songe à faire exécuter le traité de Paris, et les Slaves lui en garderont une reconnaissance d'autant plus profonde qu'ils ne suspecteront pas ses sympathies à l'égal de celles que leur témoigne la Russie.

Remarquons, en terminant, que la nouvelle école, après avoir triomphé chez les Slaves du Midi et de l'Occident, a fini par faire irruption même en Russie, où elle s'est attaché le parti libéral, celui qui fournit des champions à la cause polonaise.

## V

Nous venons d'énoncer les idées combattues par la nouvelle école slave, voyons maintenant celles qu'elle accepte et cherche à faire triompher.

Notre tâche sera facile, car, il faut rendre cette justice aux Slaves, ils n'ont pas plus fait mystère de leurs sympathies que de leurs antipathies ; ils n'ont pas élaboré dans l'ombre des projets destinés à rester secrets jusqu'au jour de l'explosion ; au contraire, ils ont usé de tous les moyens de publicité dont ils pouvaient disposer pour faire connaître leurs vues, leurs tendances et leurs intentions.

Si la question n'est pas élucidée, ce n'est point eux qu'on peut en accuser. Si l'Europe ne la connaît point, c'est qu'elle a volontairement fermé les yeux à la lumière.

Le programme actuel des Slaves est d'une simplicité qui prévient déjà en sa faveur.

Revendiquant les droits de leur race, ils commencent par reconnaître ceux des autres races ; ils visent à constituer une nation slave, mais non au détriment des autres nations ; ils ne prétendent pas absorber et fondre dans un seul et même état quiconque parle leur langue et professe leur religion, ils tiennent compte aussi des conditions topographiques, des intérêts commerciaux, industriels, maritimes ; ils ne sont pas foncièrement hostiles à l'idée de fédération ; ils n'affichent enfin aucune de ces prétentions exclusives qui sont parfois la pierre d'achoppement des meilleures causes. Sur un seul point, ils se refusent à toute concession, et ils n'en pourraient faire qu'à la condition d'abdiquer, c'est sur leur affranchissement de toute domination étrangère.

Ce programme, que nous nous bornons pour le moment à exposer et sur lequel nous reviendrons à la fin de cet ouvrage, ne contient rien en définitive qui soit de nature à porter ombrage à l'Europe conservatrice.

Il modifie sans doute un état de choses créé par des traités qui sont encore en vigueur ; mais ces traités ont déjà reçu tant de modifications que nul ne serait légitimement fondé à les opposer aux Slaves, s'il était prouvé que les changements nouveaux sollicités par eux sont conformes à la justice et à l'intérêt bien entendu de l'Europe elle-même.

Cette preuve sera faite quand nous aurons démontré que le *statu quo* ne peut plus se maintenir en Orient, sous peine d'amener les complications les plus graves, les plus effroyables catastrophes.

## VI

Si l'existence de la Turquie est aujourd'hui sérieusement menacée, ce ne sont, à notre avis, ni les coups portés à diverses époques à la puissance ottomane, ni le parti pris de la Sublime-Porte de ne donner aucune suite aux réformes, ni l'état actuel de ses finances et de son armée, qui ont conduit l'Empire aux bords de l'abîme. Ces causes de dissolution ne sont pas sans remède, surtout quand il s'agit d'un grand État qui possède des éléments de richesse; il ne peut être irrévocablement condamné que sur des griefs de l'ordre moral le plus élevé.

Pour la Turquie, on les trouve dans la nature même du musulman et dans l'impossibilité absolue de rapprocher et de maintenir sous le système centralisateur de la Sublime-Porte les éléments hétérogènes qui constituent la société orientale. On les trouve dans les traditions historiques des peuples chrétiens et dans l'esprit de progrès qui les travaille; dans l'insuccès d'une réforme vingt fois promise, et toujours entreprise dans des conditions telles que le succès était impossible. On les trouve enfin, pourquoi ne pas l'avouer? dans la mauvaise opinion que l'Europe a conçue du gouvernement turc et que les rayas et les Turcs eux-mêmes commencent à partager.

Il y a déjà plus d'un demi-siècle que le sultan Sélim entreprit la grande tâche de réformer l'Empire;

les deux sultans qui lui ont succédé y ont travaillé assidûment; à quels résultats sont-ils arrivés?

Des hommes impartiaux, qui ont visité la Turquie d'Europe avec toutes les préventions favorables inspirées par les journaux et les amis du gouvernement ottoman, en sont revenus le cœur navré. Des écrivains honorables et qu'on pouvait croire éclairés, nous avaient fait partager un instant les illusions que l'arrivée de Reschid-Pacha au pouvoir leur avait inspirées; mais aujourd'hui, qui peut se défendre, après de si tristes mécomptes, d'un sentiment de désaffection pour ceux qui cherchent encore à abuser de la bonne foi de l'Europe et qui continuent à imposer à des millions de chrétiens le joug d'une administration odieuse? Nous voulons bien ne pas mettre en doute les intentions généreuses des sultans réformateurs et de quelques-uns des hommes éclairés de la Turquie, mais ils ont été et sont fatalement arrêtés à chaque pas par l'esprit musulman; non-seulement ils ne sont pas secondés par leurs subalternes comme ils devraient l'être, mais encore, cela est triste à dire, il est impossible qu'ils le soient. Un élément indispensable à la réussite de toute réforme manque à la Turquie : à savoir les hommes capables et désireux de l'appliquer.

Si quelques monstrueuses institutions du vieux temps ont disparu, tous les vices attachés à ces institutions continuent à subsister, parce qu'elles survivent pour ainsi dire dans l'esprit qui anime les fonctionnaires turcs.

Pour remédier à cet état de choses, il faudrait donc tout d'abord modifier la nature des hommes; or, ce changement, qui serait difficile partout, est absolument impossible en Turquie. Ceux qui ne partageraient pas notre opinion à cet égard conviendront bien du moins qu'il faudrait, pour arriver à une réforme sérieuse, un temps infiniment plus long que la situation actuelle de l'Europe et surtout celle de l'Orient ne semblent le comporter.

Quiconque a vu de près les Osmanlis avouera que, pour éteindre la cupidité chez l'employé turc, il faudrait le faire renoncer à son genre de vie, qui exige des dépenses infiniment supérieures à tous les émoluments que le gouvernement peut lui donner.

Pour détruire en lui le sentiment de sa supériorité sur toutes les autres races et son mépris particulier pour les chrétiens rayas, il faudrait lui faire oublier le Coran et supprimer son clergé.

Pour triompher de son indolence naturelle, de son apathie, de son indifférence pour tout ce qui est ordre, légalité, impartialité, il faudrait détruire la race elle-même.

Or, ces défauts incorrigibles sont la cause première de la plupart des souffrances des chrétiens et rendent tout à fait chimériques les projets de réforme de l'Empire ottoman. La faculté administrative manque absolument à la race turque ; c'est la conviction de tout observateur impartial qui a séjourné quelque temps en Turquie.

D'autre part, on ne trouverait pas en Europe un État composé d'éléments aussi hétérogènes que ceux qui constituent l'Empire ottoman. C'est le seul État du continent où la race dominante ne soit pas d'origine indo-européenne ; où la religion dominante ne soit pas chrétienne; où la civilisation soit encore tellement arriérée chez les vainqueurs, qu'on puisse les considérer comme voisins de l'état de barbarie, tandis qu'elle est relativement avancée dans la classe aisée des vaincus.

En Turquie, tout reste forcément asiatique : origine, religion, mœurs, usage, esprit public, langue, lois, culture intellectuelle.

Dans la majorité des États européens, il y a identité de race et de religion entre les sujets d'un même gouvernement; et là où cette identité n'existe pas comme en Autriche, on trouve chez les différentes classes d'administrés un degré égal de civilisation qui affaiblit des préjugés déjà combattus efficacement par la puissance des intérêts matériels. Les gouvernements, de leur côté, tiennent la balance égale pour tout le monde, et, scrupuleux observateurs de la légalité, ils s'efforcent de réunir tous leurs sujets sur le terrain commun du droit, sans imposer aux uns des devoirs et des charges dont les autres seraient affranchis.

Rien de tout cela ne se voit en Turquie. Là, chaque nationalité reste entourée d'un abîme infranchissable; là, plus que partout ailleurs, existe entre gouvernants et gouvernés incompatibilité de race, de croyance, d'esprit, haine invétérée, méfiance réciproque, tendances diamétralement opposées, un état de choses enfin où nul pouvoir humain ne peut introduire l'harmonie.

Comment a-t-on pu songer à appliquer nos principes de centralisation administrative à une masse composée d'éléments si disparates ?

Ce n'est pas tout; comme nous l'avons indiqué plus haut, il faut ajouter à ces causes naturelles de division, celles qui proviennent des traditions historiques des peuples chrétiens. Restés inébranlablement fidèles aux souvenirs glorieux d'un passé dont ils désirent ardemment le retour, et profondément imbus de l'esprit libéral de notre temps, ils ne pourront jamais se prêter à une fusion administrative et politique avec la race turque.

Conséquemment, toute réforme qui repose sur ces bases est radicalement impraticable. Si nous nous reportons à quelques années en arrière, nous démontrerons facilement que les tentatives de réforme ont eu des résultats diamétralement opposés à ceux qu'on en attendait, et nous prouverons qu'au lieu d'améliorer le sort des chrétiens elles n'ont fait que l'empirer. Cette assertion, quelque hasardée qu'elle puisse paraître, n'en est pas moins rigoureusement exacte.

Comment aurait-on pu greffer avec succès sur le vieux tronc féodal et musulman du moyen âge, les nouveaux principes politiques de l'Europe démocratique et chrétienne? Le principe de la liberté religieuse, celui de l'égalité devant la loi, de l'admission de tous les sujets indistinctement aux emplois civils et militaires? Pour mener cette entreprise à bonne fin, il fallait bouleverser de fond en comble la société musulmane! Cette société, tout aristocratique dans le fond, sinon dans la forme, qui traite les chrétiens en parias, où l'Etat est le principal propriétaire du sol et l'unique dépositaire du pouvoir! La réforme froissait non-seulement l'orgueil des mu-

sulmans, elle menaçait encore leurs intérêts matériels. Pour les beys, c'était la perte de leurs fiefs;
pour les fonctionnaires, la suppression du mo-
nopole des emplois; pour tout musulman, l'impossibilité de se procurer désormais les commodités
de la vie à l'aide de spoliations et d'injustices de
toute sorte.

L'alarme était d'autant plus grande dans le camp
des Turcs qu'on voyait les chétriens, soutenus par
la protection de l'Europe, prendre au sérieux les
innovations promises, ouvrir des écoles, construire
des églises, ne plus se montrer enfin aussi timides,
aussi aveuglément soumis qu'autrefois. Derrière eux
se dressait le spectre de la Grèce indépendante, de
la Serbie émancipée; au-dessus d'eux planait l'ombre
menaçante de la Russie. C'était plus qu'il n'en fallait
pour épouvanter les Turcs. La publication de chaque
nouveau firman augmentait leurs appréhensions; le
fanatisme du clergé musulman en était surexcité.
Tous, seigneurs féodaux, employés civils et militaires, ulémas, simples particuliers, tombèrent taci-
tement d'accord qu'il était indispensable pour le salut
commun de s'entr'aider énergiquement et de se
montrer encore plus hostiles aux chrétiens que les
sultans et les puissances européennes ne leur étaient
favorables.

L'oppression qui s'ensuivit redoubla quand les
chrétiens firent mine de résister. En peu de temps,
on passa au brigandage systématique, puis aux massacres. Les ulémas en étaient les instigateurs; les
particuliers en furent les instruments; les employés
fermèrent les yeux; et l'intervention des troupes vint

mettre le comble au malheur des chrétiens. Le gouvernement central, réduit de la sorte à l'impuissance, n'ayant plus ni force morale, ni force matérielle pour se faire obéir, s'efforça du moins de cacher son impuissance aux yeux de l'Europe. Et, comme il ne doit compter en définitive que sur l'élément musulman, il ne put faire acte d'autorité qu'en sévissant contre les chrétiens, en châtiant cruellement toute manifestation libérale, même la plus légitime, en empêchant tout recours à la protection des consuls, en mettant sur le compte des chrétiens la plupart des crimes commis par les Turcs. On les représenta aux yeux de l'Europe comme turbulents, intraitables, et l'on attribua leur mécontentement et leurs révoltes, tantôt à la propagande russe, tantôt aux instigations de la Grèce, de la Serbie ou du Monténégro.

Tel est le triste rôle auquel a été forcément réduit le gouvernement ottoman à la suite de ses vaines tentatives de réformes ; tentatives maudites également par les chrétiens et par les musulmans. Les premiers ont vu augmenter leurs souffrances juste au moment où l'idée nationale commençait à s'éveiller en eux. Les seconds ont entrevu la ruine au bout de la réforme ; ils en ont conçu une méfiance extrême à l'égard du gouvernement, qu'ils traitent de *ghiaour,* et une haine plus implacable que jamais contre les chrétiens. Cette méfiance et cette haine ont brisé les derniers liens qui retenaient encore tant bien que mal les membres divers de la société orientale et ne peuvent que hâter l'heure de la catastrophe.

En résumé, le gouvernement, isolé au milieu des musulmans, des chrétiens et des puissances euro-

péennes, impuissant à contenir les passions déchaî-
nées contre les Osmanlis et l'élan toujours croissant
des rayas, ainsi qu'à remplir ses engagements envers
la diplomatie ; poussé d'un côté par des exigences légitimes, retenu de l'autre par des craintes également
légitimes, n'ose plus avancer ni reculer dans la voie
fatale où il s'est engagé, et ne peut plus rien combi-
ner après avoir tout désorganisé. En présence du
gouffre dans lequel s'engloutissent ses finances et de
l'anarchie intérieure qui le ronge, il voit l'opinion se
détacher de lui, ne sait plus quel parti prendre et se
résigne à vivre au jour le jour.

Une chose bien faite pour surprendre, c'est la confiance que bon nombre de consuls des grandes puissances ont eue dans le succès de la réforme et dans
ses résultats. Ils ont semblé croire que, la condition
matérielle des chrétiens une fois améliorée, ils ne
désireraient rien au delà ; ils ont paru convaincus que
les idées de nationalité n'auraient plus aucune prise
sur eux (1).

Une telle opinion, si elle était sincère, et nous ne
supposons pas le contraire, ne peut s'expliquer que
par une connaissance très superficielle de l'état de l'O-
rient, et surtout de l'esprit des populations chré-
tiennes. Il est de la dernière évidence qu'elles n'ont
aucune confiance dans la réalisation des projets de réformes. Après une attente vaine de soixante ans, elles
savent à quoi s'en tenir à ce sujet. Depuis quelques

(1) Voir notamment les extraits des rapports des consuls et
agents britanniques dans le Levant, publiés par le *Blue-Book* de
1861.

années surtout, les firmans de la Porte ont le don de provoquer à la fois le dépit et la colère des musulmans, de faire le désespoir des chrétiens et d'exciter l'indignation du public européen. La Porte serait plus sage en ne recourant plus à ce palliatif anodin ; ses firmans ont fait leur temps.

Avec un peu de réflexion, du reste, on s'aperçoit bien vite que si les réformes amenaient un changement favorable dans la condition des chrétiens, elles ne feraient que donner un développement immense et peut-être irrésistible à leur tendance naturelle vers l'émancipation nationale ; elles les pousseraient à la destruction du régime actuel en leur fournissant des armes qu'ils n'ont pas, et en leur inspirant une confiance qui leur manque.

Il n'est pas possible en vérité de se faire aucune illusion à cet égard.

Les chrétiens d'Orient tiennent assurément au bien-être matériel ; mais leur véritable but est ailleurs. Aux Grecs et aux Slaves, il faut, avant tout, la vie morale ; ils ont, au fond du cœur, le sentiment inextinguible de la foi, de la liberté, de la nationalité. Depuis plus de quatre siècles, ils sont comprimés, abaissés par la tyrannie musulmane ; eh bien ! qu'on lise leurs chants populaires, éclos sous le joug ottoman, et l'on aura la preuve irrécusable qu'ils ont conservé intact, et toujours aussi vivace, le sentiment de leur dignité et de leur individualité nationales.

Depuis la conquête, ces deux peuples n'ont pas fait un seul mouvement qui ne porte l'empreinte d'une idée essentiellement politique. C'est l'amour de la liberté qui a poussé une partie des Serbes à se réfugier derrière les rochers du Monténégro, préférant ainsi à la servitude l'existence la plus misérable. C'est ce même sentiment qui en a fait émigrer d'autres en Hongrie, à la condition d'y conserver une indépendance nationale et politique. Et quant à ceux qui sont restés en Serbie, le jour où, après un long esclavage, ils se sont vus les armes à la main, ils ne se sont pas contentés des simples améliorations matérielles que leur offrait le Sultan, ils ont préféré une lutte horrible de douze ans (1). Vaincus, épuisés, ils se relèvent au bout de deux ans, et ne cessent de combattre que lorsqu'ils ont assuré leur indépendance intérieure.

N'est-ce pas encore un besoin moral irrésistible, une idée politique qui, en 1848, a poussé à l'insurrection les Serbes de la Hongrie? Est-ce que le désir d'obtenir leur autonomie n'est pas clairement exprimé dans les documents qui ont été présentés, l'an dernier, aux consuls de Belgrade, par les députations serbes de la Moësie supérieure et de la Bosnie? Les nombreux émigrés de ce pays n'ont-ils pas répondu à l'amnistie octroyée par le Sultan en demandant la restitution des anciens droits politiques de leur race? Les Serbes de l'Herzégovine, enfin, ne sont-ils pas perpétuellement en lutte avec les Turcs, malgré toutes les améliorations matérielles qui leur sont offertes par les généraux ottomans? Le

---

(1) 1801-1813, c'est la première période de la guerre de l'indépendance serbe, celle à laquelle Karageorge a attaché son nom. La seconde période commence deux ans après, sous Milosh (1815).

germe « de la grande idée, » comme on l'appelle,
date de l'époque de la conquête. Les Bulgares eux-
mêmes, qui, de tous les Slaves méridionaux, sont les
plus calmes et les plus positifs, commencent à manifester des tendances éminemment politiques. Leur
opposition contre le clergé grec est toute nationale.
Puisqu'ils ne tolèrent pas la domination spirituelle
des Grecs, qui sont pourtant leurs aînés dans la
foi (1) et leurs frères en servitude, quelle profonde
aversion ne doivent-ils pas ressentir pour la domination et la tyrannie des Osmanlis?

Non, il n'y a pas de réforme qui puisse désormais
faire aimer aux chrétiens d'Orient une administration étrangère, et, moins que toute autre, l'administration turque. Ce serait folie, en vérité, de leur de-
mander sérieusement d'accepter et de défendre la
domination de ces Osmanlis qui les oppriment depuis si longtemps, et qui, après un demi-siècle de
promesses continuelles, loin d'alléger leur sort, n'ont
fait que le rendre plus misérable. Les chrétiens d'O-
rient maudiraient donc avec raison l'Europe occidentale, si elle n'avait répandu son sang et ses tré-
sors que pour river plus étroitement leurs fers.

D'autre part, le gouvernement ottoman ayant
prouvé qu'il est incapable d'améliorer la triste condition de ses sujets, et qu'il est impuissant à les maintenir
dans leur ancienne soumission, il nous semble qu'il a
perdu le droit d'invoquer l'appui des grandes puissances pour la garantie de l'intégrité de l'empire, car

(1) Les Bulgares ne se sont convertis que très tard au chris-
tianisme (vers le milieu du neuvième siècle).

cette garantie tenait à des conditions essentielles qui n'ont pas été remplies par la Porte.

## VII

Jetons en passant un coup d'œil sur la situation intérieure de l'Autriche.

Et, tout d'abord, constatons que rien ne semblait la préparer à former l'état compacte que nous voyons aujourd'hui.

Des nations indépendantes avaient offert la couronne aux archiducs d'Autriche ; mais elles n'avaient sacrifié aucun des droits consacrés par leurs anciennes constitutions ; il était même bien entendu et formellement stipulé que ces droits seraient toujours respectés.

Quoi qu'il en soit, les titres de rois de Bohême, de Hongrie, de Croatie, vinrent se joindre à celui d'empereur d'Allemagne, et l'Empire d'Autriche fut fondé.

On peut se faire une idée juste de ce qu'il était alors en se représentant la Confédération germanique dans son organisation actuelle, mais avec ses princes de moins. Encore y aurait-il cette différence, que les États de l'Autriche n'étaient point tenus de se prêter mutuellement secours, comme le sont les membres de la Confédération.

La maison de Habsbourg ne respecta pas long-temps les droits qu'elle avait reconnus, et bientôt elle mit tout en œuvre pour élever sur les ruines des nationalités soumises à sa domination un grand Empire unitaire.

Ce qu'elle fit pour atteindre ce but, nous n'avons pas besoin de le rappeler ici, son histoire est trop connue.

Nous nous bornerons à constater que l'œuvre, interrompue momentanément par la Révolution française, fut reprise avec plus d'ardeur dès le lendemain de 1815. On connaît les fruits de cette politique. En 1848, l'Autriche se vit attaquée à la fois à Milan, à Venise, à Prague, à Pesth ; les Croates seuls lui restèrent fidèles, elle ne put être sauvée que par l'intervention d'une armée russe.

Au lieu de profiter de la terrible leçon qu'elle venait de recevoir, l'Autriche persista dans ses anciens errements ; il semble même qu'elle ait rêvé de choisir le moment de trouble et de terreur qui succéda au triomphe de la réaction européenne en 1849, pour réaliser brusquement ses projets d'absorption.

L'empereur Ferdinand abdiqua, parce qu'il ne se sentit pas la force ou le courage de violer la constitution qu'il avait jurée et de retirer les concessions qu'il avait faites ; mais son successeur, François-Joseph, qui n'avait pris aucun engagement, arbora sans détour le drapeau de l'ancien régime.

Les Croates d'abord, puis les Serbes et les Russes, furent payés de la plus noire ingratitude. Les ministres Schwarzemberg et de Bach développèrent hardiment leur système de germanisation et de centralisation ; toutes les libertés accordées par l'empereur Ferdinand furent supprimées ; bref, la maison d'Autriche arriva bientôt au dernier degré d'impopularité, et une alliance tacite fut conclue contre elle entre les différentes nationalités qu'elle opprimait.

Aussi, sa défaite en Italie, en 1859, loin de surexciter le patriotisme de ses sujets, leur inspira plutôt un sentiment de satisfaction. Ils comprirent que si l'Autriche était battue, la cause des nationalités triomphait, et ils applaudirent avec enthousiasme à l'émancipation complète de l'Italie.

Ils y voyaient comme un présage de leur prochain affranchissement; ils espéraient que l'Autriche serait contrainte de prendre elle-même l'initiative des réformes si ardemment désirées.

Son prestige militaire était détruit, ses finances dans le plus triste état; elle avait donc tout intérêt à modifier sa politique intérieure pour gagner l'affection de ses peuples, réparer ses échecs et reprendre bientôt son rang en Europe.

Le diplôme du 10 octobre fit naître quelques illusions à l'étranger, mais il ne réussit pas également à tromper les nations autrichiennes. Si elles avaient pu l'être, le diplôme du 26 février aurait bien vite dissipé leur erreur.

Il était clair que le gouvernement autrichien ne tenait aucun compte des leçons de l'expérience et entreprenait de nouveau de former un Etat unitaire où il ne serait question que pour mémoire des anciens droits et priviléges des nationalités.

M. de Schmerling eut beau faire chanter sur tous les tons les louanges de son système, on lui répondit que les couronnes de saint Etienne, de saint Venceslas et de Crechimir, brillaient d'un éclat trop vif pour être obscurci par la gloire et les avantages problématiques d'une chambre haute et d'une chambre basse.

Un journal croate s'écria, dans sa rude franchise :

« Méfions-nous de ce ministre allemand de Vienne ;
» la fameuse patente de février n'est que centralisa-
» tion, laquelle à son tour n'est autre chose que dé-
» nationalisation. »

Quant à la Hongrie, on sait l'accueil qu'elle a fait au programme de M. de Schmerling. On sait que le comte d'Appony et le comte Forgach viennent tout récemment de donner leur démission de *judex curiœ* et de chancelier. On sait enfin que les Hongrois n'auront jamais de représentants au sein du Reichsrath.

M. de Schmerling, on peut le prédire à coup sûr, ne sera donc pas plus heureux que ses prédécesseurs.

Avec une habileté incontestable, il échouera comme eux, et son énergie viendra se briser contre les résistances invincibles de l'esprit national.

Les Slaves, les Magyars, ne veulent pas être germanisés ; ils tiennent à rester Slaves et Magyars, quelque grande que soit au surplus la part qu'on offre de leur faire dans un gouvernement allemand.

Cette prétention peut-elle paraître exorbitante, dans un temps où l'Europe tout entière reconnaît le royaume d'Italie et fait ouvertement des vœux pour le triomphe des insurgés polonais ? dans un temps où l'Allemagne intervient à Copenhague en faveur des habitants du Holstein et du Schleswig ? dans un temps enfin où les esclavagistes américains eux-mêmes trouvent parmi nous des partisans, des défenseurs, et en Angleterre de l'argent et des armes ?

Evidemment non, et nous avons encore l'espoir

que le gouvernement de Vienne, finissant par comprendre ses intérêts, restera fidèle à son origine, et
rendra un jour aux peuples placés sous sa domination
les prérogatives et les droits qu'il leur a injustement
ravis.


## VIII


Voyons maintenant si l'Europe n'a pas le plus
grand intérêt à résoudre le redoutable problème posé
en Turquie.

Ceux mêmes qui défendent la cause de l'Empire
ottoman reconnaissent qu'il n'est point dans une situation normale.

Seulement, tandis que leurs adversaires voudraient
rayer la Turquie de la carte de l'Europe, ils de-
mandent, eux, qu'on vienne au secours du Sultan,
qu'on l'aide à consolider le vieil édifice musulman.
On l'a déjà essayé bien des fois, et toujours en
vain. Quels résultats a produits la dernière tentative?
La Turquie est-elle aujourd'hui plus forte, mieux or-
ganisée, plus respectée qu'elle ne l'était avant la
campagne de Crimée? Suivant nous, cette campagne
a été plus désastreuse pour la Sublime-Porte que pour
la Russie.

Il est vrai que la Russie a vu tomber Sébastopol et
a perdu le droit d'avoir une escadre de guerre dans
la mer Noire; mais, en réalité, elle est restée aussi
forte qu'auparavant vis-à-vis de l'Empire ottoman.
Cela n'a pas besoin d'être démontré.

La Turquie n'a donc rien gagné à cette guerre, et elle y a perdu d'être obligée de publier un Hatti-humayoun qui a relevé le courage de tous ses ennemis intérieurs, et qui, donnant un aliment nouveau à leurs espérances, a eu pour premier effet de les rendre plus exigeants.

Cela devait arriver, et il est surprenant qu'on ne l'ait pas prévu. Il serait plus surprenant encore, on l'avouera, que l'inexécution du Hatti-humayoun laissât les chrétiens, sujets de la Porte, aussi indifférents que l'Europe elle-même.

D'ailleurs, si par impossible, ils oubliaient leurs anciens griefs, les agents du Gouvernement turc se chargeraient de leur en fournir de nouveaux.

La guerre d'Italie a eu, à peu de chose près, pour l'Autriche, les mêmes résultats que la guerre de Crimée pour la Turquie. Sans doute, l'habileté incontestable de M. de Schmerling a prévenu des troubles à la veille d'éclater ; l'attaque étant moins brutale et la menace moins violente, la résistance des nationalités s'est produite aussi sous des formes plus pacifiques, mais elle n'a pas été moins énergique pour cela.

La ruse n'a pas eu plus de succès que la force ; la Hongrie, la Croatie, l'Illyrie, la Vénétie, etc., n'ont point envoyé de députés au Reichsrath ; le système de M. de Schmerling n'a pas été appliqué un jour, une heure ; il est condamné avant même d'avoir fonctionné, ou plutôt parce qu'il ne peut pas fonctionner.

La paix n'est donc pas plus solidement assise en Autriche qu'en Turquie.

Or, nous le demandons : l'Europe doit-elle envi-

sager de sang froid cette situation menaçante ; peut-
elle rester ainsi sur le qui-vive, et entretenir à perpé-
tuité ces armées, ces escadres formidables qui dévorent
le plus clair de ses revenus ?

Nous ne le pensons pas, et nous sommes convaincus que l'opinion publique ne le désire pas davan-
tage.

Entrons donc dans les entrailles mêmes de notre
sujet, et tâchons de découvrir la meilleure solution
d'un problème qui peut prendre demain l'Europe au
dépourvu.

## IX

Reconnaissons d'abord le terrain sur lequel nous
allons nous engager, et, puisque nous nous occupons
plus particulièrement des Slaves, jetons un coup
d'œil rapide sur le pays qu'ils habitent, voyons quelle
place ils tiennent en Turquie.

Quatre races se partagent le territoire borné par
l'Adriatique, la Méditerranée, la mer Noire, le Danube et la Save.

La plus nombreuse est la race slave, qui compte
au delà de sept millions d'âmes. Vient ensuite la race
grecque, qui en compte deux millions ; la race alba-
naise, 1,200,000, et enfin la race des Zinzares,
500,000.

Non-seulement les Slaves sont les plus nombreux,

mais on les trouve réunis en groupes compactes (1). Ils habitent à peu près seuls la Bosnie, la Serbie, l'Herzégowine, la Mœsie supérieure, la Bulgarie, la plus grande partie de la Thrace et toute la Macédoine, à l'exception du littoral qui est occupé par quelques colonies musulmanes et grecques.

Dans le même ordre d'idées, les Albanais viennent immédiatement après les Slaves.

Les Grecs ne forment un groupe compacte qu'en Thessalie; quoique nombreux dans le triangle de la Thrace formé par Bourgas, Cavala et Constantinople, ils sont mélangés sur tous les points aux Slaves et aux Turcs, et ne se relient au noyau thessalien que par les colonies clairsemées sur le littoral de la Macédoine.

Les Zinzares, dont l'importance numérique a été souvent exagérée, sont disséminés par petits groupes dans toute l'étendue de l'Empire ottoman; ce n'est qu'en Epire qu'on les trouve réunis en assez grand nombre.

Sous le rapport politique, les Slaves et les Grecs sont les seuls peuples qui aient exercé une domination dans la péninsule, les seuls qui aient eu une existence nationale indépendante. Aujourd'hui encore, ce sont les deux seules races avec lesquelles la Sublime-Porte soit sérieusement obligée de compter.

Les Albanais et les Zinzares n'ont pas d'histoire qui leur soit propre, et ne songent pas à séparer leur cause de celle des Slaves ou des Grecs.

(1) Voir la carte ethnographique de la Turquie d'Europe, publiée en 1861 par M. G. Lejean.

Ainsi, tandis que les Albanais gravitent vers la Serbie, dont ils ont fait autrefois partie, les Zinzares, déjà grécisés à demi, tendent à s'unir complétement aux Grecs.

Cette double tendance ne s'explique pas seulement par les traditions du passé, elle est aussi, en quelque sorte, une nécessité topographique.

Assis sur des plateaux qui dominent l'Albanie dans toute sa longueur, maîtres de tous les passages qui y donnent accès, les Slaves et les Grecs doivent tenir essentiellement à la possession de cette province, qui les sépare de la mer où vont se jeter les fleuves qui prennent, chez eux, leurs sources.

La population musulmane, répandue dans la péninsule, atteint environ le chiffre de 2,500,000 âmes; mais plus de la moitié se compose de renégats slaves, grecs et albanais, devenus mahométans à l'époque de la conquête. Les Osmanlis, proprement dits, ne sont pas au delà de un million; ils se considèrent comme campés en Europe, et attendent le moment où, suivant leurs propres traditions, ils devront plier leurs tentes et s'en retourner en Asie.

Quant aux renégats dont nous parlions tout à l'heure, l'instinct de race a survécu chez eux à l'apostasie; ils ne sont guère musulmans que de nom, et cesseraient de l'être, sans difficulté, dès que l'œuvre de la conquête serait détruite.

Les Turcs sont donc en infime minorité dans les provinces européennes où leur autorité s'est maintenue, et le pays se partage entre les deux races prépondérantes que nous avons désignées : celle des Slaves et celle des Grecs.

## X

Après avoir indiqué ces divisions générales, re-
cherchons l'origine de la race slave et des divers
groupes qu'elle a formés.

Un article, publié l'an dernier par le journal *l'Orient*
( de Bruxelles ), sous le titre de « Serbes et Bulgares, »
contient à ce sujet des indications très exactes, que
nous demandons la permission de reproduire textuel-
lement :

« Toute l'étendue de pays qu'on nomme actuelle-
» ment Bulgarie, Serbie, Bosnie, Herzégowine, Mon-
» ténégro, Dalmatie, haute Albanie, Mœsie, Macé-
» doine et Thrace, était dans le principe habitée par
» un peuple de race indo-slave. Il provenait de la
» première immigration en Europe, remontant aux
» premiers âges du monde ; ce fait est prouvé jusqu'à
» l'évidence par les plus récentes recherches des
» philologues et des archéologues les plus distingués.

» Au septième siècle, une horde conquérante, d'o-
» rigine finnoise, quittant les bords du Volga, d'où
» lui vint le nom de Bulgare, attaqua les Slaves de
» la Mœsie inférieure ( la Bulgarie actuelle ), les sub-
» jugua et fonda une dynastie finno-bulgare. Peu
» de temps après, une tribu serbe, se détachant de
» la grande famille slave qui occupait tout le nord de
» l'Europe, descendit dans la Macédoine et la Mœsie
» supérieure (la Serbie et la Bosnie d'aujourd'hui), se
» mêla à ses frères qui y étaient depuis longtemps ins-

» tallés, et fonda à son tour une dynastie slavo-serbe.

» Les deux dynasties se firent la guerre pendant
» longtemps. Celle de la Bulgarie l'emporta d'abord
» et réunit sous son sceptre presque tous les Slaves
» de la péninsule. Plus tard, la dynastie serbe con-
» quit à son tour la Bulgarie, et régna en souveraine
» depuis l'Adriatique jusqu'à la mer Noire.

» Quant à la population indigène, elle resta étran-
» gère à ces luttes; mais toutes les fois qu'elle se
» trouva réunie sous l'une ou l'autre dynastie, elle
» forma une des nations les plus puissantes de l'O-
» rient.

» Quand les Osmanlis envahirent l'Europe, les
» Bulgares et les Serbes réunirent leurs forces contre
» l'ennemi commun, mais ils succombèrent.

» En détruisant les deux dynasties, la domination
» ottomane rendit à ces peuples leur unité primitive.
» Par malheur, l'unité n'existait plus que dans la
» servitude, et l'ancienne langue commune, modifiée
» par l'arrivée successive des Finnois et des Serbes
» du nord, forma désormais deux dialectes. »

On remarquera que l'auteur de cet article parle fré-
quemment des Serbes et des Bulgares et ne fait pas
mention des Croates de Turquie : cela tient sans doute
à ce que les Croates parlant le serbe, le journaliste
ne les aura pas considérés comme formant une
branche distincte (1).

---

(1) Les habitants de la Croatie turque, de la Dalmatie croate
et de la Slavonie parlent également le serbe. Cet idiome a fini
par être adopté comme langue llttéraire, même par les habitants de la Croatie autrichienne, où le dialecte vinde n'est plus
en usage que dans les rangs inférieurs de la société.

Quelques ethnographes ont rangé les Slaves de la Macédoine parmi les Bulgares. C'est une erreur, qui provient évidemment de l'ignorance des dialectes serbe et bulgare et de l'histoire de cette grande province.

Au témoignage de tous les historiens, quand les Serbes descendirent du Nord, au VII<sup>e</sup> siècle, ils s'établirent d'abord en Macédoine, d'où ils partirent ensuite pour se répandre dans toutes les provinces serbes actuelles.

Aujourd'hui encore, comme nous l'avons dit plus haut, on rencontre en Macédoine, dans les environs d'Okrida et de Manatir, des groupes serbes restés purs de tout mélange.

Sauf le court intervalle de temps durant lequel elle fut soumise aux rois de Bulgarie, la Macédoine appartint constamment, soit aux empereurs de Byzance, soit aux rois de Serbie, qui la possédaient à l'époque de la conquête, à l'exception seulement de la ville de Salonique, restée au pouvoir des Byzantins.

Le héros serbe, Marko Kralievitch (1), qui habitait Prilip, en Macédoine, régna sur ce pays.

Les Macédoniens ne sont donc, à vrai dire, qu'un mélange de Serbes et de Bulgares ; leur langue ac-

---

(1) Kralievitch, en serbe, veut dire : *fils de roi*. On peut consulter sur ce personnage, moitié légendaire, moitié historique, les notes intéressantes de M. Aug. Doson, chancelier du consulat de France à Belgrade, dans sa traduction des poésies populaires serbes. Paris, 1859.

Le père de Marko Kralievitch avait pris le titre de roi, et étendait son autorité sur la vieille Serbie, une partie de l'Albanie et la Macédoine.

tuelle n'est ni le serbe ni le bulgare, mais elle tient de ces deux dialectes.

On en trouve la preuve dans les chants populaires de la Macédoine, publiés à Belgrade, en 1859, par M. Vorkovitch, et écrits dans un idiome qui offre les plus frappantes analogies avec celui dont se servaient jadis les rois serbes dans les actes officiels.

Les véritables Bulgares sont séparés des Serbo-Bulgares-Macédoniens par la chaîne des monts Vitok et par le fleuve Carason qui va se jeter dans l'Ar-chipel.


## XI


L'étude géographique à laquelle nous venons de nous livrer n'était pas inutile pour la solution du problème que nous examinons.

En établissant que la race slave s'est maintenue pure, intacte et compacte, et ne s'est pas laissée effacer ni même envahir par un conquérant heureux, nous croyons produire en sa faveur un argument d'une grande valeur, tiré du droit naturel des races.

D'autres considérations, également puissantes, peuvent encore être invoquées dans son intérêt. Nous les puiserons dans le droit historique.

A l'époque où les Osmanlis posèrent le pied, pour la première fois, sur le sol européen, les deux grandes races indigènes de la péninsule avaient à peu près trouvé chacune son assiette naturelle.

Le père de l'empereur serbe, Douchan le Puissant, avait soumis la Bulgarie et réduit l'empire de Byzance au triangle de la Thrace. Douchan lui-même avait assis l'unité slave sur des bases que le temps ne pouvait manquer de consolider.

Malheureusement son œuvre n'était pas complète au moment de l'invasion, et l'empire byzantin, épuisé, était en pleine décadence.

Le succès des Turcs fut donc facile; mais leur triomphe aurait été plus décisif, et les Slaves ne seraient pas tombés seuls sous la domination des envahisseurs, sans la résistance opiniâtre et victorieuse des Serbes et des Polonais.

Ils sauvèrent l'Europe, et l'Europe les a récompensés en laissant partager la Pologne et bombarder Belgrade !

Les Grecs subirent le triste sort des Slaves.

Quant aux Bulgares, qui habitaient le pays compris entre les Balkans et le Danube, et qui étaient vassaux des rois serbes, ils durent accepter la suzeraineté des Sultans. Mais, impatient de secouer ce joug, leur dernier roi, Chichman, se ligua, au bout de quelques années, avec le roi de Serbie, Lazare, qui était également devenu vassal de la Turquie, et tous deux prirent les armes pour refouler le vainqueur.

Le résultat de la guerre ne fut pas le même pour les deux alliés : la Bulgarie, vaincue, perdit son autonomie et fut incorporée à l'Empire ottoman. Les Serbes, qui se défendirent avec plus d'énergie, se maintinrent dans leurs limites, mais ils furent obligés de subir la suzeraineté de la Sublime-Porte.

A cela près, les Serbes ont toujours eu, depuis

lors, une existence politique indépendante, et chaque fois que les Sultans ont voulu attenter à cette indépendance, ils ont rencontré la résistance la plus énergique.

Mais la suzeraineté de la Turquie pèse encore sur les Serbes, et ils veulent en être affranchis, comme les Grecs y ont réussi en partie, avec l'appui de l'Europe et surtout de la France.

Ils n'ont jamais reconnu, ils reconnaissent moins que jamais les droits des conquérants ; ils ont protesté vingt fois contre leur domination, les armes à la main, aujourd'hui sur un point, demain sur un autre ; et, maintenant surtout que ces conquérants sont jugés et condamnés, maintenant qu'ils ont fourni des preuves éclatantes et réitérées de leur incapacité, de leur impuissance, de leur mauvaise foi et de leur cruauté, les peuples qu'ils ont soumis supportent leur joug avec plus d'impatience que jamais, et veulent à tout prix le secouer.

Pour être fondé à leur opposer une fin de non-recevoir, il faudrait commencer par établir que la Turquie est une puissance civilisée, que son gouvernement est honnête, intelligent, tolérant, humain, progressif, et si, par impossible, on arrivait à le démontrer clairement, l'Europe devrait faire son *mea culpa* d'avoir aidé à l'affranchissement de la Grèce et des Principautés-Unies ; la France devrait s'avouer coupable d'avoir envoyé des troupes en Syrie, pour protéger des chrétiens que les soldats de la Sublime-Porte auraient bien défendus sans elle ; l'Angleterre devrait rougir de l'intérêt que porte le cabinet de Saint-James aux Grecs émancipés.

## XII

Ce que nous venons de dire de la Turquie, nous pouvons l'appliquer à l'Autriche, sous le mérite des restrictions que nous avons faites dans les chapitres précédents.

Nous ne faisons certes pas descendre le gouvernement autrichien au rang du gouvernement turc ; nous avons loyalement reconnu que les procédés de M. de Schmerling se distinguent par un esprit de modération auquel, il faut pourtant l'avouer, ses prédécesseurs ne nous ont pas toujours habitués.

Mais, comme nous l'avons fait observer aussi, M. de Schmerling n'a modifié que les procédés ; il suit une autre voie que ses devanciers, mais il poursuit le même but : il montre plus de prudence, mais autant de ténacité ; il est plus habile peut-être, mais il reste, comme eux, en dehors du droit, et, comme eux, il cherche à unifier l'Empire au détriment des différentes nationalités qui le composent.

Nous n'avons pas besoin de rappeler l'histoire de ces nationalités, elle est connue de tous ; conséquemment, nous sommes dispensés de prouver que l'Autriche a violé toutes les conditions auxquelles ces peuples s'étaient rangés sous le sceptre de la maison de Habsbourg, et dont ils réclament aujourd'hui l'exécution.

Il nous reste donc uniquement à « poser nos conclusions. » Ce sera l'objet du dernier chapitre.

## XIII

Il y a trois manières de résoudre la question d'O-
rient.

La première consisterait à proclamer les droits
absolus du sultan sur tous ses sujets, chrétiens ou
non, slaves, grecs, roumains ou turcs ; à transformer
ses droits de suzeraineté en droits de souveraineté, et
à incorporer dans l'Empire, pour en faire désormais
partie intégrante, la Serbie, les Principautés-Unies et
le Monténégro.

La deuxième consisterait à donner à ces populations une indépendance complète, et à les affranchir
entièrement de toute obligation quelconque envers la
Sublime-Porte.

La troisième, enfin, serait d'expulser les Turcs de
l'Europe.

Discutons, sans plus tarder, les avantages et les
inconvénients de ces trois systèmes.

Le premier, qui enlèverait leurs couronnes au
prince Michel, au prince Couza et au prince Nicolas,
étendrait jusqu'à ses dernières limites, en Europe, la
puissance des Sultans, et placerait sous leur domination des peuples qui en sont plus ou moins affranchis.

Dans ce système, il faudrait, pour être juste et logique, supprimer le royaume de Grèce et le rendre à
la Turquie ; mais admettons qu'on invoque en faveur
des Grecs le bénéfice de la prescription. Occupons-

nous seulement des trois nationalités que nous avons nommées.

Il ne suffirait pas, pour arriver à une solution, de détrôner les princes Michel, Nicolas et Couza. Si leurs sujets devaient conserver les institutions libres dont ils sont dotés; s'ils avaient des forteresses, des armées ou des milices nationales; s'ils gardaient seulement les noms qu'ils portent aujourd'hui et qui leur rappellent tout un passé glorieux; s'ils continuaient à élire des députés, fût-ce pour aller siéger à Constantinople; s'ils conservaient enfin la moindre parcelle de leur autonomie, de leur ancienne indépendance, le système croulerait, car dès demain ces peuples feraient entendre des protestations; après demain ils se soulèveraient; la question d'Orient ne serait pas résolue.

Pour arriver à une solution dans cet ordre d'idées, il faudrait donc nécessairement, absolument incorporer la Serbie, les Principautés et le Monténégro à l'Empire ottoman, de telle façon que Belgrade, Bucharest et Cettigne ne fussent plus même capitales d'une province; que les Serbes, les Monténégrins et les Moldo-Valaques n'eussent plus aucune institution, aucune liberté, aucune représentation distinctes; il faudrait surtout qu'ils ne pussent disposer d'aucune force et qu'ils ne trouvassent jamais en Europe aucune protection, quand bien même, au surplus, la Porte les soumettrait au régime le plus vexatoire, le plus dur et le plus inhumain; il faudrait, en un mot, qu'ils devinssent Turcs, et même mahométans.

Cela fait, l'Europe, réunie en congrès, proclamerait solennellement que la Turquie a pris rang parmi les grandes puissances, que l'autorité des sultans est garantie contre toute atteinte, et qu'ils sont maîtres de gouverner à leur guise tous leurs sujets, indistinctement.

Il serait entendu que l'Europe ne s'immiscerait pas plus dans l'administration intérieure de l'Empire ottoman qu'elle ne s'enquiert de la manière dont les Français ou les Anglais sont gouvernés par l'Empereur Napoléon et la reine Victoria.

Nous cherchons les avantages de ce système au point de vue de l'intérêt européen, nous ne les trouvons pas. En revanche, nous y voyons les inconvénients les plus graves.

Quand l'Europe aura détourné froidement la tête, abandonné, sacrifié ses coreligionnaires ; quand elle aura condamné à l'avance toutes leurs tentatives contre l'autorité des sultans, et qu'elle aura décidé de ne jamais intervenir dans les querelles qui surgiront entre eux, s'ensuivra-t-il que ces querelles n'éclateront pas ? et, quand elles éclateront, l'Europe pourra-t-elle rester neutre ?

Personne ne le croira.

L'abandon des puissances ne découragerait pas les peuples ; au contraire, il aurait très probablement pour effet de les rendre plus impatients et de leur inspirer des résolutions plus énergiques.

Tant qu'ils croiront pouvoir compter sur l'appui au moins moral de l'Europe, ils suivront ses conseils dans une large mesure ; l'histoire de la dernière période décennale est là pour le prouver.

Quand ils se verront abandonnés, ils n'écouteront que les inspirations du désespoir, de la haine et de

la colère ; ils ne garderont plus aucun ménagèment ;
ils se lèveront en masse, et l'Europe verra l'Orient à
feu et à sang.

Si les peuples triomphent, l'Empire ottoman dis-
paraît... L'Europe se tiendra-t-elle à l'écart? Évidemment non.

Si les sultans sont ou paraissent assez forts pour
réduire les révoltés, ceux-ci trouveront facilement un
appui au dehors, à Saint-Pétersbourg, par exemple...
L'Europe restera-t-elle indifférente? Bien moins
encore.

Allons plus loin : supposons, par impossible, que
les peuples ne se soulèvent pas, que les Serbes, les
Monténégrins, les Moldo-Valaques subissent en silence
le joug de la Sublime-Porte, on nous accordera bien
que cette résignation proviendra uniquement du sentiment qu'ils auront de leur faiblesse, et l'on ne con-
testera pas qu'ils profiteront de la première occasion
favorable pour reconquérir leur indépendance.

Or, cette occasion ne peut manquer de se présen-
ter, car la Porte a des ennemis puissants, habitués de
longue date à ne garder avec elle aucune mesure,
prompts à recourir aux menaces et même à l'emploi
des moyens coercitifs.

Qu'on ne s'y trompe pas : ce n'est pas seulement à
la Russie que nous entendons faire allusion ici ; sans
remonter au delà de ce siècle, on sait bien qu'il n'est
point une puissance qui soit restée constamment dans
de bons rapports avec la Turquie ; on sait que la
France, la Russie, l'Angleterre même ont été en
guerre avec elle. Pour ne parler que du temps pré-
sent, il est bien évident que la Sublime-Porte n'a rien

à craindre de la Russie, qui est sérieusement menacée par l'insurrection polonaise, et réduite, pour de
longues années, à l'impuissance par suite d'autres
graves embarras intérieurs. En est-il de même de
l'Angleterre? C'est une question qu'il est permis de
se poser.

Ce n'est pas nous, on le comprend, qui sommes
dupes des promesses du sultan ; nous en faisons absolument le même cas que de celles de ses prédécesseurs, et les apparences les plus trompeuses ne nous
inspirent aucune illusion.

Mais enfin, tandis que certaines feuilles représen-
tent Abdul-Azis comme fou, d'autres le posent en
réformateur et lui prêtent les intentions les plus généreuses, les plus libérales. Il est allé, dit-on, en
Egypte pour patronner l'œuvre gigantesque de M. de
Lesseps, et une dépêche du Caire a appris à l'Europe
que Sa Hautesse vient d'accorder le Medjidié à des
Grecs, à des Juifs, à des Arméniens, à des Cophtes!

Or, juste à la même heure, l'Europe apprenait aussi,
et sans en être, à coup sûr, moins surprise, que sir
H. Bulwer, ambassadeur de S. M. la reine Victoria à
Constantinople, avait tenté vainement de détourner
Abdul-Azis de son projet de voyage en Égypte.

Sir H. Bulwer a usé de tout son crédit, de toute son
influence; il a conseillé, il a prié, on assure même
qu'il a menacé, et pourtant il a échoué.

Pourquoi ces prières et ces menaces?

Le sultan est-il donc sérieusement disposé à faci-
liter le percement de l'isthme de Suez, ou bien veut-
il tout simplement se soustraire à la tutelle gênante
de l'Angleterre?

Nous ne savons; mais ce qui est positif, c'est que l'ambassadeur anglais a essuyé un refus catégorique, c'est qu'il a éprouvé un échec, c'est qu'il n'a pas été écouté avec plus de faveur que n'aurait pu l'être l'ambassadeur de Russie.

Nous en tirons la conclusion que les rôles peuvent changer subitement à Constantinople; que telle puissance, aujourd'hui en crédit, peut n'en avoir aucun demain; que telle autre, dont l'influence était nulle, peut prendre un grand ascendant sur l'esprit du sultan; que telle autre encore, qui jusqu'ici attaquait ou défendait systématiquement la Sublime-Porte, peut trouver son intérêt à changer complétement de conduite à son égard.

Nous en arrivons enfin à cette conclusion que l'Anglerre, la France, l'Italie, l'Autriche peuvent se brouiller avec la Turquie, et, le cas échéant, elles trouveraient chez les Slaves des alliés toujours prêts à engager la lutte, toujours disposés à empêcher un accommodement qui n'aboutirait pas à les émanciper.

Au moindre signe de mésintelligence entre la Sublime-Porte et une puissance européenne quelconque, un soulèvement éclaterait en Turquie; la situation serait constamment tendue, la paix incessamment menacée, le danger incomparablement plus grand qu'aujourd'hui.

Le système d'incorporation forcée, aboutissant à la fusion, à l'unification complète, ne nous fournit donc pas les bases d'une solution de la question d'Orient.

Passons à l'examen du second système. Il consiste, avons-nous dit, à affranchir les Serbes, les Monténé-

grins et les Moldo-Valaques de toute obligation quelconque envers la Turquie, à les mettre dans un état
d'indépendance complète qui serait garanti par l'Europe.

Les Sultans n'auraient plus sur eux aucun droit de
suzeraineté ; ils ne donneraient plus l'investiture aux
princes serbes, monténégrins et moldo-valaques ; ils
ne conserveraient aucune forteresse dans leur pays ;
ils n'y entretiendraient aucune garnison ; ils n'y en-
verraient plus aucun pacha ordinaire ni extraordi-
naire ; ils se trouveraient enfin, à leur égard, dans la
même position que vis-à-vis du royaume de Grèce et
de toute autre puissance souveraine.

Le grand inconvénient de ce système, c'est qu'il
ne peut être appliqué qu'à la condition préalable
d'émanciper non-seulement les sujets des princes
Michel, Couza et Nicolas, mais encore tous les Slaves,
tous les Roumains, tous les Grecs, tous les chrétiens.

Supposons, en effet, que les Serbes de la Principauté
soient complétement émancipés, pense-t-on que les
Serbes des provinces voisines se résigneront volontiers à rester sous le joug des Sultans pendant que
leurs frères en seront affranchis ?

Le plus simple bon sens indique le contraire. Du
jour où les habitants des Principautés seraient entièrement soustraits à l'autorité de la Sublime-Porte,
auraient leurs institutions à eux, leurs forteresses,
leurs armées à eux, et des libertés que la Turquie ne
pourrait pas ravir ni amoindrir, leurs frères, leurs
coreligionnaires restés sujets des Sultans n'auraient
de cesse qu'ils n'eussent obtenu les mêmes faveurs.

Ils essayeraient, eux aussi, de se rendre indépendants, et les habitants des Principautés ne manqueraient pas de venir à leur aide, soit ouvertement soit en secret.

On se trouverait donc dans la même situation dangereuse que nous avons indiquée plus haut, mais avec cette aggravation, qu'au lieu d'avoir besoin d'attendre un secours du dehors, les mécontents auraient à leur porte des alliés de leur race, qui seraient bien organisés, bien armés, et qui ne pourraient pas refuser leur appui.

Nous avions donc raison de dire que ce système conduit à l'émancipation complète de tous les Slaves, des Roumains et des Grecs. Cela nous amène naturellement à discuter le troisième projet de solution, basé précisément sur la résurrection des nationalités et sur l'expulsion des Turcs de l'Europe.

Ayant prouvé que le gouvernement des sultans est radicalement incapable de réaliser les réformes, les progrès nécessaires pour donner satisfaction aux chrétiens et à l'Europe, nous n'hésitons point à déclarer que la question d'Orient nous paraîtra insoluble aussi longtemps qu'on voudra maintenir ce gouvernement sur notre continent.

Quelles que soient les promesses qu'on arrache aux sultans, quelles que soient les obligations qu'on leur impose, ils sauront toujours s'en affranchir, en dépit des garanties que l'on pourra prendre. Il faudra donc, si l'Europe ne veut pas reléguer les Sultans en Asie, qu'elle consente à être le jouet de la Turquie, ou bien qu'elle invervienne constamment dans ses affaires.

Nous ne sommes pas les premiers, nous le savons,

à proposer cette solution radicale ; bien d'autres l'ont indiquée avant nous, et la diplomatie, croyons-nous, l'aurait envisagée avec plus de sangfroid, si elle avait su comment et par qui remplacer ce qu'il s'agit de détruire.

Mais les défenseurs de la Sublime-Porte ont eu l'habileté de répandre, et le bonheur inespéré d'accréditer l'opinion que si c'est une tâche facile de renverser l'Empire ottoman, rien n'est plus difficile que d'installer sur ses ruines un ou plusieurs gouvernements stables.

L'opinion publique, habituée de longue date à considérer cet Empire comme une proie réservée à l'une des grandes puissances de l'Europe, mais sachant bien aussi que cette conquête ne pourrait pas s'accomplir sans une guerre désastreuse, a fini par se persuader à son tour que le partage de l'Empire ottoman était une entreprise des plus téméraires, des plus hasardeuses, et que mieux valait, en définitive, le maintenir tel quel ou le laisser mourir de sa belle mort.

Quand cette seconde hypothèse viendra à se réaliser, il faudra pourtant bien songer au partage de la succession vacante.

Cette opération sera-t-elle aussi difficile, aussi dangereuse qu'on se plaît à le dire ? Nous soutenons énergiquement le contraire.

Si l'on veut bien se reporter à l'un des précédents chapitres, on verra que peu de temps après l'invasion des Turcs, les deux grandes races qui se partagent la péninsule étaient établies chacune dans ses limites naturelles, et vivaient en parfait accord.

L'empereur serbe, Douchan le Puissant, avait réuni sous son sceptre tous les Slaves, les Albanais et les Zinzares; le reste du pays, comprenant l'archipel entier, le littoral de la mer Égée, la Thessalie et l'Épire, appartenait aux Grecs, moins les provinces des bords de l'Adriatique que les Vénitiens et les Génois leur avaient enlevées.

Les Turcs ne possédaient à cette époque que le bassin formé par la chaîne de montagnes qui part du golfe de Saros pour aboutir à la mer Noire, au-dessous de Midia. La mer de Marmara était à eux et ils en gardaient les deux issues.

Or, nous le demandons, quelle objection sérieuse élèverait-on contre le rétablissement des deux Empires détruits par les Turcs?

Que le prince Michel règne sur plusieurs millions de Serbes au lieu d'en gouverner seulement un million; que le royaume de Grèce s'agrandisse, quelle est la puissance européenne dont les intérêts seront lésés et qui sera bien venue à se plaindre, à protester?...

L'Autriche, dira-t-on, prendra ombrage de ce voisinage; elle n'a rien à redouter du pouvoir énervé, affaibli des Sultans, et elle aurait peut-être à craindre l'influence qu'un Empire slave ne manquerait pas d'exercer sur les sujets autrichiens d'origine slave.

Nous admettrons, si l'on veut, que les craintes de l'Autriche ne soient pas vaines : quelle conclusion tirer de là?

Faut-il, pour assurer la tranquillité d'esprit du cabinet de Vienne, condamner les chrétiens d'Orient à une servitude perpétuelle? On sera conduit, par une logique inexorable, à agir de même à l'égard des Italiens, et la Russie demandera qu'au lieu d'intervenir en faveur des Polonais, l'Europe les oblige à subir le même traitement.

Est-il vrai, d'ailleurs, que l'état actuel des choses en Turquie soit préférable pour l'Autriche au remaniement que nous proposons ?

Les démêlés de la Porte avec la Serbie, l'insurrection en quelque sorte permanente du Monténégro et de l'Herzégowine ne tiennent-ils pas le cabinet de Vienne dans de continuelles alarmes ? Il y a deux ans, nous l'avons vu, mêlé à ces querelles, occuper la route militaire qui va de Raguse à Cattaro, et provoquer ainsi les protestations de certaines puissances.

A cette époque et dans bien d'autres circonstances encore, l'Autriche s'est trouvée dans la nécessité de réunir des forces militaires, d'avoir des troupes sous la main pour protéger ses frontières, pour être prête à voler au secours de la Turquie.

La faiblesse de la Sublime-Porte, loin d'être profitable à l'Autriche, est donc pour elle une cause perpétuelle d'embarras et de soucis. Elle en serait complétement affranchie le jour où se constitueraient un royaume serbe et un royaume grec, qui viendraient donner satisfaction aux aspirations des peuples maintenus malgré eux sous le joug des musulmans.

Si l'on convient avec nous que ce raisonnement est juste, on devra reconnaître qu'il s'applique merveilleusement à la singulière situation que l'Angleterre s'est faite en Orient.

L'un des plus éminents publicistes de ce temps-ci, l'un des hommes qui connaissent le mieux l'Orient,

M. Saint-Marc Girardin, a dit un jour, dans la *Revue des Deux Mondes*, que l'Angleterre a pris auprès de la Turquie le rôle de garde-malade, et il a ajouté : « Je » connais dans le monde une garde-malade qui, de- » puis trente ans bientôt, jouit des 100,000 livres de » rente d'un infirme incurable ; elle n'hérite pas, mais » elle possède. »

J'en demande humblement pardon à l'illustre académicien ; mais, si je suis d'accord avec lui sur le rôle que joue l'Angleterre à Constantinople, je ne suis pas convaincu qu'elle en tire grand profit.

L'Angleterre « n'hérite pas ; » mais peut-on dire qu'elle possède ? » Le malade dont elle s'est constituée le gardien jaloux emprunte sur toutes les places à gros intérêt, et on ne lui prête qu'avec hypothèque privilégiée sur ses maigres revenus. Encore prend-on la précaution humiliante de toucher directement ces revenus, de peur que les ministres de Sa Hautesse ne les consacrent aux fantaisies ruineuses de leur maître.

L'Angleterre ne jouit donc pas des rentes de son pauvre malade ; a-t-elle au moins d'autres avantages ; reçoit-elle d'autres satisfactions ; occupe-t-elle seulement une position privilégiée à Constantinople ?

Cela pouvait être avant la campagne de Crimée, mais cela n'est plus depuis la signature du traité de Paris.

En droit, l'Angleterre est au même rang et sur le même pied que toutes les puissances européennes ; le ministre d'Italie peut siéger et siége dans les conférences de Constantinople au même ti're et avec des pouvoirs aussi étendus que l'ambassadeur de la reine Victoria.

Si la Turquie était en guerre demain avec les Serbes ou les Grecs, et que l'Angleterre crût nécessaire d'intervenir en faveur de son protégé, elle ne le pourrait pas sans y être préalablement autorisée par l'Europe.

Le jour où le traité de Paris a déclaré que les chrétiens d'Orient ne seraient plus exclusivement protégés par la Russie, on s'en est réjoui à Londres comme d'une grande victoire; on ne s'est pas aperçu que la domination exclusive de l'Angleterre sur la Porte était supprimée du même coup.

Voilà pour le droit. En fait, sir H. Bulwer est peut-être plus en faveur qu'aucun de ses collègues auprès des hauts fonctionnaires turcs; ils ont pour lui plus d'égards et lui font sans doute plus de politesses : il pénètre plus facilement jusqu'à eux et en reçoit un accueil plus gracieux; mais a-t-il obtenu que le Sultan renonçât à son voyage d'Égypte? l'a-t-il au moins déterminé à protester d'une manière quelconque contre le percement du canal de Suez? l'Angleterre a-t-elle empêché qu'une armée française intervînt en Syrie? a-t-elle mis obstacle à l'enquête qui a montré la main des agents turcs dans les massacres des chrétiens?

Non, le cabinet de Saint-James a dû se résigner à voir son malade humilié, condamné à la face du monde; il n'avait pu l'empêcher de se compromettre, il a été également impuissant à prévenir le procès et la condamnation.

L'Angleterre ne vit donc pas aux dépens de « l'infirme incurable » qu'elle a pris sous sa protection; son rôle de garde-malade ne lui rapporte ni profits, ni honneurs, ni avantages d'aucune sorte, et fait peser sur elle la responsabilité des imprudences, des fautes et des crimes que l'agonisant peut commettre dans le délire des dernières convulsions.

Quel autre rôle ne serait pas préférable? quel autre serait aussi compromettant, aussi lourd à porter?

Plus nous y réfléchissons, et plus nous sommes convaincus que l'Europe aurait tout à gagner à proclamer la déchéance des Sultans et la destruction de l'Empire ottoman.

La Russie seule aurait quelque chose à y perdre; l'influence qu'elle a exercée jusqu'ici sur les chrétiens d'Orient, grâce à la coupable indifférence de l'Europe, s'évanouirait en un clin d'œil, dès que les Roumains, les Slaves, les Grecs auraient reconquis leur indépendance complète.

Non-seulement ces peuples n'invoqueraient plus l'appui désormais inutile de la Russie, mais ils se tiendraient soigneusement en garde contre ses visées ambitieuses, et, donnant la main à la Pologne reconstituée, ils assureraient à tout jamais l'Europe contre les incursions moscovites. On pourrait dire alors, avec raison, que la Russie est redevenue une puissance asiatique.

L'Empire slave, créé par l'Europe, rechercherait son amitié et aurait intérêt à entretenir avec elle de bons rapports.

De belles provinces, aujourd'hui incultes, sans industrie, sans commerce, ruinées et saccagées par les Turcs, renaîtraient pour ainsi dire d'elles-mêmes; des marchés nouveaux s'ouvriraient pour les produits de notre industrie; nous n'aurions plus besoin, dans les temps de disette, d'aller chercher du blé à Odessa, jusqu'au fond de la mer Noire ou de la mer d'Azoff.

Les Grecs, satisfaits de prendre possession de tout le pays occupé par leurs coreligionnaires, vivraient nécessairement dans les meilleurs termes avec les Slaves, qui deviendraient pour eux des amis fidèles, des alliés précieux.

L'Europe, enfin, verrait l'ordre et l'harmonie régner là où le désordre a produit un épouvantable chaos, qui la menace perpétuellement d'un cataclysme.

Mais nous n'avons rien dit encore de Constantinople, et l'une des grandes objections des défenseurs de l'Empire ottoman consiste à prétendre que là est l'écueil du système que nous défendons.

On ne peut, disent-ils, donner Constantinople à la Russie, ni à l'Angleterre, ni à l'Autriche, ni à la France ; ils soutiendraient de même qu'on ne peut la laisser ni aux Grecs, ni aux Slaves devenus maîtres du reste de l'Empire ottoman.

Nous reconnaissons volontiers que des obstacles sérieux s'opposent à ce qu'une grande puissance s'installe à Constantinople ; et, comme dans notre système les Slaves et les Grecs deviendraient de grandes puissances, nous ne contestons point qu'il y aurait de graves inconvénients à permettre aux uns ou aux autres de placer le siége de leur gouvernement dans la capitale actuelle des Sultans ; seulement, nous demandons qu'on nous dise ce qui oblige l'Europe à donner Constantinople à une grande puissance. Quelle nécessité y a-t-il que le drapeau d'un grand

État flotte sur les murs de Sainte-Sophie ! Faut-il donc absolument que l'ancienne Byzance ait le rang et le titre de capitale ?

Nous sommes loin d'en être convaincus, et, précisément parce que nous pensons, avec nos adversaires, qu'il serait difficile et dangereux de donner Constantinople à quelqu'un, nous sommes d'avis qu'on le refuse à tout le monde.

Nous voudrions voir Constantinople ville libre, comme Francfort, comme Hambourg, et placée sous la sauvegarde commune de toutes les puissances qui y entretiendraient au besoin, non pas des corps d'armée, ni même des détachements de troupes, mais une sorte de garde de police recrutée par fractions égales dans tous les États, et qui aurait pour mission unique de maintenir l'ordre, d'empêcher les conflits entre les musulmans et les chrétiens, de protéger les intérêts, les biens et les personnes des Européens.

La mer de Marmara, les Dardanelles, comme aujourd'hui la mer Noire et le Danube, seraient fermées à tous les navires de guerre, ouvertes à toutes les marines marchandes ; l'Europe n'aurait plus à s'inquiéter de savoir quelle est la puissance qui domine le Sultan, quelle est celle qui le soutient et celle qui le menace.

Constantinople ne serait pas la récompense promise au plus audacieux, au plus adroit ou au plus fort; elle ne serait plus le champ clos où les grands États luttent d'influence, de ruse et d'audace, où ils se surveillent d'un œil défiant, et où, trop souvent, ils se sont provoqués à de sanglantes batailles.

Constantinople deviendrait la grande métropole

commerciale de l'Orient, un vaste entrepôt situé su
la limite des deux continents, et où les Asiatique
pourraient venir se retremper, s'améliorer, se poli
cer au contact de la civilisation européenne.

Une grande cause de trouble aurait disparu, u
grand acte de justice serait accompli.

Paris, imp. de Dubuisson et Ce, rue Coq-Héron, 5.